AF200148

Fr. Aug. von Grevenitz

Anmerkungen über die französische Schrift

von der deutschen Sprache und Litteratur nebst einigen Proben

Fr. Aug. von Grevenitz

Anmerkungen über die französische Schrift
von der deutschen Sprache und Litteratur nebst einigen Proben

ISBN/EAN: 9783744703000

Hergestellt in Europa, USA, Kanada, Australien, Japan

Cover: Foto ©ninafisch / pixelio.de

Weitere Bücher finden Sie auf **www.hansebooks.com**

Anmerkungen

über

die Französische Schrift

von der

Deutschen Sprache

und

Litteratur

nebst

einigen Proben.

Breslau,

bey Gottlieb Löwe, 1781.

eutſchland kann mit den Widerle-
gern der Schrift: ſur la Litterature
Allemande, nicht zufrieden ſeyn.
Ich will darüber in dieſen Blät-
tern, die keine Schmeicheley, Tadelſucht,
oder Parteylichkeit entehren ſoll, reden.

Da groſse Thaten und berühmte Werke
die Ehrerbietung und die Bewunderung aller
Zeiten erwerben können; ſo iſt gewiſs der
König über unverdienten Tadel und über un-
edles Lob erhaben, der vom Vorgebirge der
guten Hoffnung bis Archangel, und von Boſton
bis Conſtantinopel, der Groſse genannt wird*.

Seine Majeſtät haben dieſen Namen nach
unbeſchreiblichen Arbeiten, durch Wiſſenſchaf-

A 2

ten,

* Schlötzers Briefwechſel 8ter Theil pag. 54.

ten, Gerechtigkeit, Muth, Standhaftigkeit und Grofsmuth erhalten.

Voll Vertrauen auf diese Tugenden, können die deutschen Gelehrten sich seinem Throne nahen, und nie haben sie nöthig, sich wie Würmer zu winden, wenn sie den königlichen Schriftsteller widerlegen wollen. Aufgeklärte Fürsten wissen, dafs zu seiner ewigen Schande der Kaiser, der seine Mutter ermordete, und seine Hauptstadt verbrannte, auch aus lächerlicher Eifersucht seinen Ueberwinder in der Dichtkunst tödten liefs.

Der vergötterte Mark Aurel wollte seinem Volke Lehren zur Weisheit und Tugend mittheilen. Er schrieb solche in griechischer Sprache, da man in Rom die lateinische redete; er konnte also seine Absicht unmöglich erreichen. Cäsar und Turenne haben die Beschreibung ihrer Feldzüge in der Sprache ihres Volks aufgezeichnet, und dadurch die Krieger ihres Vaterlands unterrichtet.

Seine Majestät haben, wie der gröfste und gelehrteste Kaiser, vortreffliche Sachen in der funzösischen Sprache geschrieben, und nicht, wie jene berühmten Heerführer, die Geschichte ihrer merkwürdigen Kriege in der Sprache ihres Landes aufgesetzt. Sie wissen, dafs Zeit und Nachwelt darüber urtheilen werden, deshalb wollte vielleicht der König die Ursachen seiner Handlungen, und seiner Meynungen von
unserer

unferer Sprache, und unferer Litteratur, be-
kannt machen.

Ehre, Erleuchtung und grofse Wohlthaten
haben Seine Majeftät Ihrem Volke gegeben.
Wer darf alfo von der Güte Ihres Herzens glau-
ben, dafs Sie, durch die Anführung der abge-
fchmackteften Stellen aus den elendeften deut-
fchen Schriftftellern, eine grofse Nation, bey
prahlerifchen Völkern, haben lächerlich ma-
chen wollen? In allen durch Sitten verfchö-
nerten Ländern giebt es vortreffliche Menfchen.
Wir verachten die Gallier nicht, wie unfere
Vorfahren nach dem Zeugnifs des Tacitus tha-
ten. An diefem Gefchichtfchreiber haben die
Deutfchen unter ihren Feinden einen Lobred-
ner gefunden, wie ihn kein ander Volk vor-
zeigen kann. Noch können wir freudig,
wenn Muth und Rechtfchaffenheit die gröfsten
Eigenfchaften der Männer, und Befcheidenheit
und Keufchheit die fchönften Tugenden der
Frauen find, alle Völker zu Schiedsrichtern
aufrufen. Doch auch unfere Nachbaren haben
Perfonen, die die Verehrung aller Zeiten ver-
dienen. Weltberühmt find unter den Gelehr-
ten die Namen Descartes, Malebranche, Mau-
pertuis, unter den Helden Heinrich der Vier-
te, Turenne, Condé, Luxemburg, Catinat,
Villars und Vauban. Doch, fagt uns, fremde
unparteyifche Nationen! welche Wagefchale
finkt, wenn wir diefen grofsen unfterblichen
Franzofen, unter den Gelehrten, Leibnitz,

Wolf,

Wolf, Haller, unter den Helden, den König
Friedrich, und die Feldherren Moriz von Sach-
fen, Eugen von Savoyen, Moriz und Fridrich
Heinrich von Oranien, Wallenftein und Coe-
horn entgegen ftellen? Zeigt uns unter Frank-
reichs gelehrteften Männern diejenigen an, die
einem Leibnitz bey Bekanntmachung chinéfi-
fcher Charaktere, und einem Leffing bey Er-
kennung der älteften Bildfäule in Rom, an
Scharffinn gleich gekommen find! Zeigt uns in
der Malerey einen Raphael Mengs, in der Mu-
fik einen Graun, Hendel, Haffe, und Bach!

Allein aufgeklärte Ausländer loben unfere
Tugenden, und fie ftreiten nicht über unferen
Rang in den nützlichen Künften. Ob gleich
die Akademie der Wiffenfchaften, fagt der Herr
von Voltaire, dem menfchlichen Geifte Dienfte
leiftete, fo erhob fie doch Frankreich nicht
über andere Nationen. Alle grofse Erfindun-
gen und Wiffenfchaften kamen anderswo her*.

Weltbekanntermaafsen haben die Deut-
fchen das Schiefspulver, die Buchdruckerkunft,
die Luftpumpe und andere nützliche Dinge er-
funden, auch grofse Entdeckungen in der Ana-
tomie,

* Si l' Académie des Sciences rendit des fervi-
ces á l' efprit humain, elle ne mit pas la Fran-
ce-au-deffus des autres Nations. Toutes les
grandes inventions & les grandes vérités vin-
rent d' ailleurs.

VOLTAIRE.

tomie, Aftronomie und andern Wiffenfchaf-
ten gemacht. Allein in den fchönen rühmen
fich die Franzofen* die Gefetzgeber aller Völ-
ker zu feyn, obfchon die Engelländer fie in
den meiften Theilen derfelben (die dramati-
fche Dichtkunft ausgenommen) übertreffen.
Die Wiffenfchaften find von den Indianern zu
den Chaldäern, Egyptiern, Griechen, Römern,
Italienern, Engelländern, Franzofen, Deutfchen,
und zu andern Nationen gekommen. Wir ver-
ehren die Franzofen nicht allein als unfere Vor-
gänger in den fchönen Wiffenfchaften, fondern
wir geftehen auch, dafs fie bis jetzt in wich-
tigen Theilen derfelben über uns erhoben find.
Perfonen von feinem Gefühl, die die Schrift-
fteller beyder Sprachen vollkommen verftehen,
mögen, aus folgenden kurzen Auszügen der
gröfsten Meifter, über faft einerley Gegenftän-
de, urtheilen, ob die Deutfche Sprache daran
Schuld fey.

* Mais dans l' Eloquence, dans la Poëfie, dans
la Litterature, dans les livres de morale & d'
agrément, les Francois furent les Législateurs
de l'Europe.

VOLTAIRE.

In der höhern Ode.*
A la Calomnie.

Quel eſt ce Monſtre, ou ce Fantôme
Qui pourſuit ſans ceſſe mes pas?
Echapé du ſombre Roiaume,
Ses yeux me lancent le trepas.
Ce ſpectre livide et farouche
Vomit de ſa profane bouche
Des flots d' amertume et de fiel:
Hors le menſonge et l' impoſture,
L' aigreux, la fourbe, & le parjure,
Il n' eut jamais de corps réel.

Barbare fille de l' Envie,
Je reconnais tes lâches traits,
A ta rage non aſſouvie,
De trahiſons et de forfaits;
A l' impudence de tes oeuvres,
A tes ſerpens, à tes couleuvres,
Qu' alaite l' animoſité;
Au voile qui couvre ta tête,
Au ſon de ta fauſſe trompete,
Organe de l' iniquité.

Des noirs flambeaux de Tiſiphone
Animant les ſombres lueurs,
Tu les agites près du Thrône,
Qui diſparait ſous leurs vapeurs;

Et

---

* Parmi les différens genres de poëſie, l' ode
eſt ſans contredit un des plus difficiles.

DORAT.

Et dèsque ta fureur l' affiége,
De l' innocence qu'il protege,
Il n' entend plus les triftes cris;
Bientôt complice de ton crime,
Le Thrône, en te fervant, oprime
Tous ceux que ta haine a profcrits.

Nach vielen fchönen Strophen fchliefst diefe
Ode mit folgender.

   La verité défigurée
Triomphe à la fin de l' erreur:
Contre l' impofture facrée
Iulien trouve un défenfeur;
Lorsque la haine & fa cohorte,
Lorsque la Jaloufie eft morte
La vertu parait fans abri;
Et toujours dans l' augufte hiftoire
Nous vojons refleurir la gloire
Que l' envieux avait flétri.

Oeuvres du Philofophe
de Sans-Souci.

Die ruhige Unfchuld.

Ein Strahl der Fröhlichkeit
Erheitert meine Stirn auch in der böfen Zeit,
Indefs in fchauervollen Büfchen,
Voll ungetreuer Dunkelheit,
Die Nattern der Verläumdung zifchen.

   Sie lauert fürchterlich,
Still wie die Mitternacht: ihr Köcher leeret fich
Von Pfeilen, die verderblich glühen,

A 5

Und

Und ihre Funken rings um mich,
Entzündet in der Hölle, fprühen.

Zu meinem Schutze flammt
Der Unfchuld ehrner Schild! ich werd umfonft
verdammt:
Die Tugend hat mich losgefprochen,
Da Schmähfucht, die vom Neide flammt,
Mir tückifch flüfternd nachgekrochen.

Ich fchwing an deiner Hand,
O Weisheit, mich empor, hoch über ftolzen
Tand,
Und kurzen Sonnenfchein des Glückes,
Und feiner Freuden Unbeftand,
Nur Freuden eines Augenblickes.

Es brüllt aus dicker Nacht
Der Donner unter mir, indefs mir Titan lacht,
Und reine Lüfte mich umwehen,
Und über giftigen Verdacht
Und niedre Schmähfucht mich erhöhen.

UTZ.

La Paix.

Peuples, c'eft par lui feul que Bellone affervie
Va fe voir enchainer d'un éternel lien.
C'eft à votre bonheur qu'il confacre fa vie:
C'eft à votre repos qu'il immole le fien.

Revien donc, il eft tems que fon voeu fe
confomme;
Revien, divine Paix, en recueillir le fruit:

Sur

Sur ton char lumineux fais monter ce grand homme,
Et laiſſe-toi conduire au Dieu qui le conduit.

Ainſi, du Ciel calmé rappellant la tendreſſe,
Puiſſions-nous voir changer, par ſes dons ſouverains,
Nos peines eu plaiſirs, nos pleurs en allégreſſe,
Et nos obſcures nuits en jours pars et ſereins!

ROUSSEAU.

Denn ich ſoll noch die Laute ſtärker ſchlagen,
Wann er durch Weihrauchwolken zeucht,
Die Kriegesfurie gefeſſelt an dem Wagen
Des Ueberwinders keucht;

Wann er, ein Gott Oſir! durch unſre Fluren
Im ſeligſten Triumphe fährt,
Indeſs der Ueberfluſs auf jede ſeiner Spuren
Ein ganzes Füllhorn leert.

RAMLER.

L'Amour et les Nimphes.
Ode Anacreontique.

Auprès d'une féconde ſource,
D'où coulent cent petits ruiſſeaux,
L'Amour fatigué de ſa courſe
Dormoit ſur un lit de roſeaux.

Les Najades ſans défiance
S'avancent d'un pas concerté,
Et toutes, en un grand ſilence,
Admirent ſa jeune beauté.

Ma

Ma Soeur, que fa bouche eſt vermeille!
Dit l'une, d'un ton indiſcret:
L'Amour, qui l'entend, ſe reveille,
Et ſe felicite en ſecret.

Il cache ſes deſſeins perfides
Sous un air engageant et doux:
Les Nimphes bientôt moins timides,
Les font aſſeoir ſur leurs genoux.

Eucharis, Nais et Themire
Couronnent ſa tête de fleurs.
L'Amour, d'un gracieux ſourire,
Répond à toutes leurs faveurs.

Mais bientôt, aux flammes cruelles
Qui brûlent la nuit et le jour,
Ces indiſcrettes Immortelles
Connurent le perfide Amour.

BERNIS.

Die erſten Menſchen.

Nachdem die Engel vom Himmel geſtiegen waren, und mit frohem Blick auf ihre werdenden Geſpielen warteten, trat der erſte Menſch im Sonnenſchein aus einem Cedernhain hervor, und die erſte Schöne erwachte durch ein Lüftchen unter einem Myrtenbaum. *Hierauf fährt der Dichter fort:*

Und

Und die Schöpfung fühlte neuen Segen,
Und der Tiger fank in ftille Ruh;
Felfen jauchzten ihr entgegen,
Selbft die Engel eilten ihrentwegen
Freundlicher dem Sohn der Erde zu.

Als fie brüderlich die Hand ihm reichten,
Brüderlich ihm alle Büfche zeigten,
Alle Veilgen, alle Rofen, tief
In den Thälern, hoch auf grünen Hügeln,
Und das Moos, wo mit gefenkten Flügeln
Noch die junge Wolluft fchlief;
Als fie lächelnd zu der Myrte giengen,
Die befchämte Schöne dort empfiengen,
Und ein jeder ihren Namen rief;
Als fie milder ihr entgegen glänzten,
Und der Erde Königinn
Mit den erften Blumen kränzten;
Ueber bunte Wiefen hin
Sie zur nächften Quelle führten,
Und, indem fie an der Quelle ftand,
Und der Schönheit füfses Recht empfand,
Ihre goldnen Harfen rührten:
Da kam die Liebe vom Himmel, da liefs
Die Freude fich herab ins Paradies;
Da tönte das Thal, da rollte der Flufs
Gefchwinder, und fchöner blühte der Hügel;
Da regte die Wolluft ihre Flügel:
Da gab die Liebe den erften Kufs.

JACOBI.

La

La Solitude.

Defert, aimable Solitude
Sejour du calme & de la paix,
Azile ou n'entrerent jamais
Le tumulte & l'inquietude.

Parmi ces Bois & ces Hameaux,
C'eft-là que je commence à vivre,
Et j'empêcherai de m'y fuivre
Le fouvenir de tous mes maux.

Emplois, Grandeurs tant defirées,
J'ai connû vos illufions,
Je vis loin des préventions,
Qui forgent vos chaines dorées.

La Cour ne peut plus m'eblouir,
Libre de fon joug le moins rude,
J'ignore ici la fervitude,
De louer qui je dois hair.

Fils des Dieux, qui de flateries
Repaiffez votre Vanité,
Aprenez, que la Verité
Ne s'entend que dans nos Prairies?

CHAULIEU.

Uns, befter Gleim, uns liebt das Thal;
Dort, wo wir feine Rofen pflücken,
Und den gefüllten Becher fchmücken,
Verachten wir Lucullus Mahl.

Es

Es trank aus goldenen Pokälen
Nur felten die Zufriedenheit;
Nur felten wohnt in Marmorfälen
Das Glück der wahren Zärtlichkeit.
Ihr Fürften! fah man, unter Küffen,
Von euren Wangen Thränen fliefsen?
Für uns als Götter aufgeftellt,
Das Haupt vom Diadem umwunden,
Was hilft euch eine ganze Welt,
In der ihr keinen Freund gefunden?

JACOBI.

Cantate.

Europe.

Quel prodige myfterieux!
O Ciel! qu'eft devenu ce monftre audacieux
Dont le perfide effort en ce lieu m'a conduite?
Un Mortel s'offre feul à m'a vue interdite
Mais, que dis-je, un Mortel? Europe ouvre
les yeux.
Au changement foudain que tu vois en ces lieux,
A l'éclat qui te frappe, au trouble qui t'agite,
Peux-tu méconnoitre les Dieux?

ROUSSEAU.

Ino.

Ungewohnte Symphonien
Schlagen mein entzücktes Ohr.
Panope, dein ganzes Chor

Und

Und die blafenden Tritonen
Rufen laut:

„Leukothea
„Ift zur Göttinn aufgenommen!
„Gott Palämon, fey willkommen!
„Sey gegrüfst, Leukothea!

RAMLER.

Sur la Vertu.

D'où vient qu'un Villageois, affis fous un or-
meau,
Juge des différends qui naiffent au hameau?
Pauvre, chargé de foins, & confumé par l'âge
Qui peut l'avoir rendu le Dieu du voifinage?
Les Pafteurs raffemblés viennent autour de lui
Chercher dans fes leçons leur joie & leur appui,
Eh! ne vojez vous pas, qu'amant de la fageffe,
Il eft jufte fans fafte, & prudent fans fineffe,
Et que l'intégrité conduifant fes projets,
De fes concitojens il s'eft fait des fujets?
La Vertu fous le chaume attire nos hommages,
Le crime fous le dais eft la terreur des Sages.

BERNIS.

Der Weife hat ein Loos, das feinen Werth
entfcheidet:
Verdienfte, wo er gilt, und Unfchuld, wo er lei.
det.
Zu feinem Wefen wird vom Zufall nichts ent-
liehn:

Recht,

Recht, Wahrheit, Menſchenhuld, und Tugend
bilden ihn.
Er iſt, o ſeltnes Glück! durch eigne Trefflich-
keiten
Von Vorurtheilen frey, getroſt zu allen Zeiten,
Im Purpur nicht zu groſs, durch Kittel nicht ent-
ehrt,
Stets edler als ſein Stand, und ſtets bewunderns-
werth.

HAGEDORN.

Sur la Superſtition.

Jamais l'Homme, dis-moi, vit-il la Bête folle
Sacrifier à l'Homme, adorer ſon idole,
Lui venir, comme au Dieu des ſaiſons & des
vents,
Demander à genoux, la pluie, ou le beau tems?
Non. Mais cent fois la Bête a vû l'Homme hy-
pochondre
Adorer le metal que lui-même il ſit fondre:
A vû dans un pays les timides Mortels,
Trembler aux piés d'un Singe, aſſis ſur leurs
Autels;
Et ſur les bords du Nil les peuples imbéciles,
L'encenſoir à la main, chercher les Crocodiles.

BOILEAU.

So lieſs die Vorwelt ſich die Macht zum Den-
ken rauben,
Und alles bückte ſich ins Joch vom Aberglauben.

B   Er-

Erfchrecklich Ungeheur! fein Wüten überfteigt,
Was je des Himmels Zorn zu unfrer Straf er-
zeugt.
Im innern Heiligthum, wohin kein Fremder
fchauet,
Ift fein verborgner Thron auf Wahn und Furcht
gebauet;
Ihm fteht mit krummen Hals die fchlaue Heu-
cheley,
Und mit verlarvtem Haupt Betrug fein Vater bey:
Er aber füllt mit Rauch die fchimmernden Ge-
wölber,
Wo feine Gottheit wohnt, und ehrt fein Schnitz-
werk felber.

HALLER.

Ueber

die Thorheit der Menfchen.

Mais pourquoi, diras-tu, cet exemple odieux?
Que peut fervir ici l'Egypte & fes faux Dieux?
Quoi? me prouverez-vous par ce difcours pro-
fane:
Que l'Homme, qu'un Docteur eft au deffous
d'un Ane?
Un Ane, le jouet de tous les animaux
Un ftupide animal, fujet à mille maux;
Dont le nom feul en foi comprend une fatire?
Oui d'un Ane: & qu'a-t-il qui nous excite à
rire?

Nous

Nous nous moquons de lui; mais s'il pouvoit
un jour,
Docteur, fur nos défauts s'exprimer à fon tour:
Si, pour nous réformer, le Ciel prudent & fage
De la Parole enfin lui permettoit l'ufage:
Qu'il pût dire tout haut ce qu'il fe dit tout bas,
Ah! Docteur, entre nous, que ne diroit-il pas?

        BOILEAU.

Unfelig Mittelding von Engeln und von Vieh!
Du prahlft mit der Vernunft, und du gebrauchft
fie nie;
Was helfen dir zuletzt der Weisheit hohe Leh-
ren?
Zu fchwach fie zu verftehn, zu ftolz fie zu ent-
behren.
Dein fchwindelnder Verftand, zum Irren abge-
richt,
Sieht oft die Wahrheit ein, und wählt fie den-
noch nicht.

        HALLER.

Ueber
die Unruhe der Menfchen.

La Fourmi tous les ans traverfant les guérèts,
Groffit fes magafins des tréfors de Cérès;
Et dès que l'Aquilon, ramenant la froidure,
Vient de fes noirs frimats attrifter la Nature,
Cet animal, tapi dans fon obfcurité,
Jouit l'hiver des biens conquis durant l'été.

    B 2   Mais

Mais on ne la voit point d'une humeur incon-
                      ftante
Pareffeufe au printems, en hiver diligente,
Affronter en plein champ les fureurs de Janvier,
Ou demeurer oifive au retour du Bélier.
Mais l'Homme, fans arrêt dans fa courfe infenfée,
Voltige inceffamment de penfée en penfée:
Son coeur, toûjours flottant entre mille embar-
                      ras,
Ne fait ni ce qu'il veut, ni ce qu'il ne veut pas.
Ce qu'un jour il abhorre, en l'autre il le fou-
                      haite.

BOILEAU.

Aus der Ode:

Die Grotte der Nacht.

Wohin wird mein Gefang verfchlagen?
Der Ocean ift voller Glut:
Denn Titan kömmt; fein ftralenreicher Wagen
Schwebt feurig über blauer Flut;

Indeffen auf bethauten Schwingen
Die braune Nacht entlaffen flieht,
Und Nimphen fie zu ihrer Grotte bringen,
Die kein unheilig Auge fieht.

Hier fingt eine der Najaden.

Geneufs die Ruhe, die du zeugeft,
O Göttinn, fingt fie, holde Nacht!

Der

Der Lärm entfchläft, wann du zum Himmel flei-
geft;
Und nur der Progne Schwefter wacht.

Wie leife gehn in feuchten Büfchen
Die Winde durch den finftern Hain!
Die Ruhe will, was Odem fchöpft, erfrifchen :
Doch, können Menfchen ruhig feyn?

Umfonft find weiche Schwanenbetten,
Bey ftürmifcher Begierden Wuth:
Der kranke Geift fchleppt feine Sklavenketten,
Stets ohne Ruh, wann alles ruht.

Der Menfch flieht von beblümten Pfaden,
Wo ihm die ftille Freude winkt.
Das Gute felbft misbraucht er fich zum Schaden:
Zu Gift wird Nektar, den er trinkt.

UTZ.

Eclogue.

Tandis que je vais voir mon adorable Amire,
Garde bien mes troupeaux, mon fidele Tityre.
L'aftre heureux & brillant de la mere d'amour
De l'aurore vermeille annonce le retour.
Il eft tems de partir. Adjeu, mon cher Tityre!
Garde bien mes troupeaux, je vole vers Amire.

Soit quand je reviendrai tout le ciel en courroux,
S'il me donne en allant un tems ferain & doux:

Pour-

Pourvû qu'enfin j'arrive, & qu'au moins je la
voie,
Que je meure auſſitôt, je mourrai plein de joie.

Que fait-elle à préſent? de quoi s'entretient-
elle?
Où dois-je en arrivant rencontrer cette Belle?
Sera-ce ſous ces Pins aux rameaux toûjours verds,
Où j'ai gravé nos noms en cent chiffres divers?
Sera-ce au bords fleuris de la claire fontaine,
Où je lui découvris mon amoureuſe peine?---
Enfant, Maitre des Dieux, qui d'une aile légere
Tant de fois en un jour voles vers ma Bergere,
Dis-lui, combien loin d'elle on ſouffre de tour-
ment,
Vas-dis-lui mon retour, puis reviens prompte-
ment,
(Si pourtant on le peut quand on s'eloigne
d'elle!)
M'apprendre comme elle a reçu cette nouvelle.

O Dieux! que de plaiſir, ſi, quand j'arriverai,
Elle me voit plûtôt, que je ne la verrai,
Et du haut du côteau, qui découvre ma route,
En s'écriant: C'eſt lui! c'eſt lui-même, ſans
doute!
Pour deſcendre en la rive elle ne fait qu'un pas,
Vient juſqu'à moi peut-être & me tendant les
bras----
Inutiles penſées, ou peut-être menſonges!
Un amant ſans dormir ſe forge bien de ſonges---

Que

Que loin de fa Bergere on fent durer les jours,
Et qu'auprès d'elle aufii les plus longs femblent
courts!
Affis tous deux à l'ombre, au pied de ce grand
hêtre,
Où, par fon jugement, ma mufette champêtre
Sur nos jeunes Bergers la guirlande gagna,
Lorsqu'un fi grand dépit Alcandre en temoigna,
Chante, me dira-t-elle, & ne ceffe de dire
La chanfon, que tu fis pour ta fidele Amire.
Ton chant me charme plus, que celui des oi-
feaux.
J'aime moins que ta voix le doux bruit des ruif-
feaux.
O les difcours charmans! o les divines chofes,
Qu'un jour difoit Amire en la faifon des rofes!
Doux Zéphirs, qui regniez alors en ces beaux
lieux,
N'en portâtes-vous rien aux oreilles des Dieux?

SEGRAIS.*

Phyllis an Damon.

Ja, liebfter Damon, ich bin überwunden!
Mein Geift empfindet, was er nie empfunden;
Der Gram, von dem dein Angeficht erbleichet,
Hat mich erweichet.

B 4　　　　Als

* Que Segrais dans l'Eglogue en charme les forets.

BOILEAU.

Als ich die Hand jüngst, die dein Auge deckte,
Vorwitzig fortrifs; Himmel! was erweckte
Dein schönes Auge, voller treuen Thränen,
Mir nicht für Sehnen!

Ich floh und weinte. Wie ward mir zu
Muthe!
Ein heftig Feuer wallte mir im Blute.
Und ach! diefs Feuer wird - - - ich mufs es näh-
ren - - -
Mich noch verzehren.

Komm, treuster Damon, den ich mir er-
wähle!
Auf meinen Lippen schwebet schon die Seele,
Um durch die deinen, unter Scherz und Küssen,
In dich zu fliefsen.

KLEIST.

Amynt.

Sie fliehet fort! Es ift um mich gefchehen!
Ein weiter Raum trennt Lalagen von mir.
Dort floh sie hin! Komm, Luft, mich anzu-
wehen!
Du kömmst vielleicht von ihr.

Sie fliehet fort! Sagt Lalagen, ihr Flüsse,
Dafs ohne sie der Wiese Schmuck verdirbt;
Ihr eilt ihr nach, sagt, dafs der Wald sie misse,
Und dafs ihr Schäfer stirbt.

Welch

Welch Thal blüht itzt, von ihr gefehen,
beffer?

Wo tanzt fie nun ein Labirinth? wo füllt
Ihr Lied den Hain? welch glükliches Gewäffer
Wird fchöner durch ihr Bild?
Nur einen Druck der Hand, nur halbe
Blicke,
Ach! einen Kufs, wie fie mir vormals gab,
Vergönne mir von ihr; dann ftürz, o Glücke,
Mich, wenn du willft, ins Grab.
So klagt Amynt, die Augen voll von Thrä-
nen,
Den Gegenden die Flucht der Lalage;
Sie fchienen fich mit ihm nach ihr zu fehnen
Und feufzten Lalage!

KLEIST.

Conte.

Le Faucon.

Helas! reprir l' Amant infortuné,
L'oifeau n'eft plus; vous en avez diné.
L'oifeau n'eft plus! dit la veuve confufe.
Non, reprit-il, plût au Ciel vous avoir
Servi mon coeur, & qu'il eût pris la place
De ce Faucon! mais le fort me fait voir
Qu'il ne fera jamais en mon pouvoir
De mériter de vous aucune grace.
En mon paillier rien ne m'étoit refté:
Depuis deux jours la bête a tout mangé.
J'ay vû l'oifeau; je l'ay tué fans peine:
Rien coûte-t-il quand on reçoit fa Reine?

B 5
Ce

Ce que je puis pour vous eſt de chercher
Un bon Faucon; ce n'eſt choſe ſi rare
Que dès demain nous n'en puiſſions trouver.
Non, Federic, dit-elle, je déclare
Que c'eſt aſſez. Vous ne m'avez jamais
De vôtre amour donné plus grande marque.
Que mon fils ſoit enlevé par la Parque,
Ou que le Ciel le rende à mes ſouhaits,
J'auray pour vous de la reconnoiſſance.
Venez me voir, donnez m'en l'eſperance.
Encore un coup venez nous viſiter.
Elle partit, non ſans luy préſenter
Une main blanche, unique témoignage,
Qu' Amour avoit amolli ce courage.
Le pauvre Amant prit la main, la baiſa,
Et de ſes pleurs quelque temps l'arroſa,
Deux jours après l'enfant ſuivit le pere
Le deüil fut grand : la trop dolente mere
Fit dans l'abord forcé larmes couler.
Mais comme il n'eſt peine d'ame ſi forte
Qu'il ne ſ'en faille à la fin conſoler
Deux Médicins la traiterent de ſorte
Qu'après les pleurs l'allegreſſe eut ſon tour;
L'un fut le Temps, & l'autre fut l'Amour.
On épouſa Federic en gand' pompe;
Non ſeulement par obligation;
Mais qui plus eſt par inclination.

LA FONTAINE.

Der

Der Falke.

Der Falk ist hin: du hast davon gegessen.
Spricht Friederich; und seine Herrscherinn
Fragt ihn bestürzt: Was hör ich? ist er hin?
Der Arme sagt: Ach hätt' ich dir, mein Leben,
(Vergieb diefs Wort) dafür mein Herz gegeben!
Zum Unglück nur treibt mich mein Schickfal an:
Ich soll nichts thun, das dich gewinnen kann,
Dich, Silvia. Dir etwas vorzusetzen,
War dein Geheifs, und ward mir zum Ergötzen,
Ich fuchte nach: ich fah den Boden leer,
Und auch mein Falk fand kaum noch Aetzung
mehr.
Ihn würgt' ich ab, gleichgültig, ohne Reue:
Ihn opfert' ich der Schönheit und der Treue.
Wie? seufzest du? Ist etwas uns zu werth,
Wann die erscheint, die unfre Bruft verehrt?
Doch hör itzt auf die deinige zu quälen,
Es soll dir nicht an einem Falken fehlen.
Ich schaff ihn dir von ftarkem Muth und Flug.

Die Wittwe fagt: o nein; es ift genug!
Du giebft mir itzt dafs gröfste Liebeszeichen,
Mein befter Freund! Es mag mein Sohn er-
bleichen,
Der Himmel mag ihn länger mir verleihn;
So dank ich dir. Kehr oftmals bey uns ein,
Verfprich es doch: verfprich es, bald zu kom-
men,
Du wirft gewifs erkenntlich aufgenommen.

Sie

Sie reicht ihm felbft die Rechte lächelnd dar,
Die weiffe Hand, die fonft fo furchtfam war.
Nun darf er fich mit taufend Küffen rächen.
Sein Mund verftummt, und feine Thränen
fprechen.

Der kranke Sohn folgt bald dem Vater
nach,
Der zweyte Tag fand ihn erfchöpft und
fchwach,
Der dritte todt; und über fein Erblaffen
Will Silvia fich gar nicht tröften laffen.
Allein der Bund der Liebe mit der Zeit
Ift viel zu ftark für ihre Traurigkeit.

Nicht blofs aus Dank; auch weil ihr Herz
ihn wählet,
Wird Friederich mit Silvien vermählet.

HAGEDORN.

Fabeln.
Le Corbeau & le Renard.

Maitre Corbeau fur un arbre perché
Tenoit en fon bec un fromage.
Maitre Renard par l'odeur alléché,
Lui tint à peu près ce langage.
Eh bon jour, Monfieur du Corbeau.
Que vous étes joli! que vous me femblez beau!
Sans mentir, fi votre ramage
Se rapporte à votre plumage,
Vous êtes le Phoenix des hôtes de ces bois.
A ces

A ces mots le Corbeau ne fe fent pas|de joïe :
   Et pour montrer fa belle voix,
Il ouvre un large bec, laiffe tomber fa proïe,
Le Renard f'en faifit, & dit: Mon bon Mon-
                fieur,
   Apprenez donc, que tout flateur
   Vit aux dépens de celui qui l'écoute.
Cette leçon vaut bien un fromage, fans doute :
   Le Corbeau honteux & confus
Jura, mais un peu tard, qu'on ne l'y prendroit
              plus.

LA FONTAINE.

Die Nachtigall und der Kukkuk.

Die Nachtigall fang einft ihr göttliches Gedicht,
Zu fehn, ob es die Menfchen fühlten;
Die Knaben, die im Thale fpielten,
Die fpielten fort und hörten nicht.
Indem lief s fich der Kukkuk luftig hören,
Und der erhielt ein freudig — Ach!
Die Knaben lachten laut, und machten ihm zu
              Ehren
Das fchöne Kukkuk zehnmal nach.
Hörft du? fprach er zu Philomelen,
Den Herren fall ich recht ins Ohr.
Ich denk, es wird mir nicht viel fehlen,
Sie ziehn mein Lied dem deinen vor.

Drauf

Drauf kam Damöt und feine Schöne,
Der Kukkuk fchrie fein Lied: fie giengen ftolz
vorbey.
Nun fang die Meifterinn der zauberifchen Töne
In einer fanften Melodey.
Sie fühlen die Gewalt der Lieder,
Damöt fteht ftill, und Phyllis fetzt fich nieder
Und hört ihr ehrerbietig zu.
Ihr zärtlich Blut fängt an zu wallen;
Ihr Auge läfst vergnügte Zähren fallen.
Da, rief die Nachtigall, da, Schwätzer lerne du,
Was man erhält, wenn man den Klugen fingt.
Der Ausbruch einer ftummen Zähre
Bringt Nachtigallen weit mehr Ehre,
Als dir der laute Beyfall bringt.

GELLERT.

Portrait.

C'eft auffi dans ce mois que l'on vit Dionée
Sortir, en fouriant, de la mer étonnée.
Par le plaifir emus, mille flots careffans
S'entre-pouffoient autour de fes charmes naif-
fans,
L'un baife fes cheveux que le zéphyr dénoue;
L'autre, près de fa conque, & bondit & fe
joue;
D'autres avec refpect demeurent fufpendus,
Fiers d'ouvrir un paffage à la belle Venus.
Le Triton recourbé, fendant l'onde écumante,
Change en foupirs les fons de fa voix effrayante,

Et

Et feme de corail les courans fortunés,
Qu'en gliffant fur les eaux le char a fillonnés.
Vous, filles de Tethys, de vos grottes profondes
Vous élevez vos fronts fur la cime des ondes;
Mais éveillé foudain par tant d'attraits nouveaux,
Le dépit vous oblige à rentrer fous les eaux.
O beauté! tu naquis au féjour des orages;
L'univers à tes pieds apporta fes hommages;
Et je confácre ici, dans un riant tableau,
La faifon dont la feve échauffa ton berceau.

1 Gemälde.

Der Frühling fliegt auf goldnen Aeften,
In weifsen Blüten eingehüllt,
Indem ein Schwarm von fanften Weften
Der Bäume Wipfel fäufelnd füllt.
Die offnen Fluren abzukühlen,
Fliehn fie durch die erwärmte Luft,
Ruhn itzt ermüdet aus, und fpielen
Und übergiefsen fich mit Duft.
Dann buhlen fie mit jungen Rofen,
Die durch die Liebe früher blühn;
Und, ihnen fchöner liebzuzofen,
Fliehn fie, und küffen fie im Fliehn.

Fern liegt von mir auf fteilen Gipfeln
Der Liebe heiligfter Pallaft,
Den rings umher mit grünen Wipfeln
Ein junger Myrtenhayn umfafst,
Auf den von feinem Feuerfitze
Der Tag verftohlen niederfieht,

Wann

Wann er in jugendlicher Hitze
Am Horizont vorüberflieht.
Dem Arm des Mulciber entriſſen,
Hat Venus hier mit ſtillen Küſſen
Einſt den Adon zuerſt erfreut.
Er ſtarb, der Liebling der Cythere;
Doch ihn verewigen Altäre,
Die Paphos ſeinem Ruhm geweiht.

Sie kömmt, die Königinn der Herzen!
Sie kömmt, die Mutter der Natur!
Verfolgt von Amorn und von Scherzen,
Betritt ihr ſchöner Fuſs die Flur,
Und hinterläſst auf ſeiner Spur
Den Aushauch einer Veilchenflur.
Ihr hüpft ihr ſchlauer Sohn zur Seiten,
Der manchen Sklaven ihr gemacht;
Auch Heben ſeh ich ſie begleiten,
Die mir durch ſie ſo freundlich lacht.
Es tanzen in geſchlungnen Reihen
Die Grazien, die Schmeicheleyen,
Die Freuden und die Buhlereyen,
Der Liebesgötter lärmend Heer,
Und alle Nimphen um ſie her.

GERSTENBERG.

Die Sprache in dieſen Gedichten wird in
allen deutſchen Kreiſen verſtanden. Ihre Ver-
faſſer zeigen, daſs ſie alle Schriftſteller, die
Seine Majeſtät zum Leſen vorſchlagen, ſtudiret
haben.

Ueber

Ueber die gerechte Kritik der längſt ver-
geſsnen Zeilen: Schiefs, groſser Gönner, ſchiefs
deine Strahlen, armdick, auf deinen Knecht
hernieder, hat ganz Deutſchland gelächelt.

Der König bemerket, daſs die Vocale den
Ohren gefallen. Wir müſſen alſo keine mehr
auslaſſen, dieſelben, ſo viel nach dem Genie
unſerer Sprache möglich iſt, vermehren, anſtatt
gehn, ſtehn, immer gehen, ſtehen, anſtatt er
ſagt, er redte, er ſaget, er redete, ſchreiben,
auch alle unnöthige Conſonanten wegwerfen.

Jede Sprache hat unter der Bearbeitung
geſchickter Perſonen ihre Annehmlichkeiten.
Die griechiſche iſt weit reicher an harmoni-
ſchen Tönen, als die franzöſiſche*: dennoch
halten die Franzoſen (vielleicht mit Recht)
ihre dramatiſchen Werke für die vollkommen-
ſten auf der Welt.

Die italieniſchen Dichter ſuchen ihre zu
weiche Sprache, durch Auslaſſung vieler Vo-
cale, härter und nachdrücklicher zu machen.

Die engliſche Sprache iſt nicht ſo wohlklin-
gend als die deutſche: dennoch ſind ihre Mei-
ſterſtücke bewunderungswürdig.

Einer

* Préface de l' Hiade d' Homère par Madame
Dacier.

C

Einer der fchönften Geifter in Frankreich
fchrieb vor einiger Zeit:

. Die deutfche Dichtkunft war vor dreyfsig
Iahren der Gegenftand unfers Gelächters und
unfrer Verachtung. Wir fahen die Deutfchen
wie blofse Mafchinen an, die. gemacht wären,
unter kurfürftlicher Hetrfchaft zu leben. Man
nannte ein fchlechtes und grobes Werk eine
deutfche Schrift, und man gab fich nicht ein-
mal die Mühe zu unterfuchen, ob man dabey
Recht, oder Unrecht hätte*.

Seine Majeftät fanden in Ihrer Jugend, da
Sie Sich mit fo grofsem Eifer auf die Wiffen-
fchaften legten, lauter höchft elend gefchrie-
bene Bücher in deutfcher Sprache, und die vor-
trefflichften in der franzöfifchen: auch übertra-
fen ihre Gelehrten, in den Annehmlichkeiten
des Umganges, taufendmal unfere belachens-
würdigen Pedanten. Der König mufste alfo
die Schriften der Ausländer den unfrigen vor-
zie-

* Il y a trente ans que la poëfie allemande étoit
l'objet de nos plaifanteries & de nos dédains.
Nous regardions les Allemands comme des
efpèces d' automates faits pour végéter fous des
puiffances électorales. D'un ouvrage lourd &
mal fait on difoit, que c'étoit un écrit ger-
manique, & l'on ne prenoit point la peine d'
examiner fi l'on avoit tort ou raifon.

DORAT T. V. pag. 459.

ziehen; Sein Gefchmack ward zur franzöfifchen
Litteratur gebildet, und alles, was Seine Maje-
flät von Verbefferung unferer Schreibart fagen,
fchickt fich vollkommen auf die Schriftfteller
voriger Zeiten.

Als König mit taufend grofsen und wichti-
gen Dingen befchäftiget, fuchten Sie Ihre Er-
holung in den vortrefflichen Schriften neuer
franzöfifcher Autoren, und Seine Majeflät ent-
wöhneten fich deutfche Bücher lefen zu können.

Der oben angeführte fchöne Geift Frank-
reichs, der mehrere Zeit hatte, die neuen deut-
fchen Schriftfteller kennen zu lernen, und da-
von zu urtheilen, redet von unfern jetzigen Zei-
ten folgendermaafsen *.

C 2   Jetzt

* Aujourd'hui ce font les Mufes allemandes
qui prévalent & paroiffent fixer les regards
de nos littérateurs.

C'eft de ce fiecle que datent leurs fuccés,
leur gloire littéraire, & la juftice tardive que
l'Europe leur a rendue.

Haller fut le premier qui vengea fon pays
d'une prévention injufte & ridicule. Son
Effai de poéfies Suiffes (c'eft fous ce titre qu'il
parut pour la premiere fois) déconcerta nos
idées, pulvérifa nos bonsmots, & nous fit
paffer d'un mépris malfondé à une ivreffe qui
pécha auffi par l'excés; car il eft impoffible
que nos fentimens, foit en bien, foit en mal,
fe repofent dans un jufte équilibre.

Jetzt ziehen wir die deutſchen Muſen den engliſchen vor, und ſie ſcheinen die Blicke unſerer Gelehrten auf ſich zu heften. Dieſs Iahrhundert bezeichnet ihren Fortgang, ihren gelehrten Ruhm, und die ſpäte Gerechtigkeit, die ihnen Europa widerfahren läſst. Haller rächte zuerſt ſein Vaterland wegen unſeres ungerechten und lächerlichen Vorurtheils. Sein Verſuch Schweizeriſcher Gedichte (unter dieſem Titel erſchienen ſie zuerſt) vernichtete unſere Begriffe, zerſtäubte unſere witzigen Redensarten, und liefs uns von übelgegründeter Verachtung zu ausſchweifender Berauſchung übergehen; denn unmöglich können unſere Meynungen, im Guten oder Böſen, im rechten Gleichgewicht bleiben.

Nachdem er verſchiedenes mit Recht an unſeren Dichtern noch getadelt hat, ſchliefst er mit dem Ausruf *:

O Germanien! unſere ſchönen Tage ſind verſchwunden, die deinigen fangen ſich an, du

---

* Germanie! nos beaux jours font évanouis, les tiens commencent. Tu renfermes dans ton fein tout ce qui éleve un peuple audeſſus des autres, des moeurs, des talens & des vertus: ta ſimplicité ſe defend encore contre l'invaſion du luxe, & notre frivolité dédaigneuſe eſt forcée de rendre hommage aux grands hommes que tu produis.

DORAT Tom. V.

du fchliefseft in deinem Schofs alles ein, was ein Land über ändere erhebt, Sitten, Talente, und Tugenden. Deine Unfchuld befchützt dich noch gegen die Anfälle der ausfchweifenden Verfchwendung, und unfere hochmüthige Leicht-finnigkeit ift gezwungen, den grofsen Männern, die du hervorbringft, zu huldigen.

Nicht durch diefs Lob beraufcht, geftehen wir aufrichtig, dafs wir keinen Voltaire, Corneille, Racine, Moliere, Boileau, Fontaine, Montes-quiou, Flechier und Maffillon haben. Die Tageszeiten des Herrn Cardinals von Bernis find gegen die Tageszeiten des Herrn Zachariä, was die fchönfte Morgenröthe gegen trübes Monden-licht ift.

Roufleau und Günther befangen den Prinzen Eugen. Die Güntherifche Ode gleichet einer von der Erde aufgeftiegenen Rakete, und die RoufleauifchePoefie einem grofsen majeftätifchen Gewitter, das unter rollendem Donner den Him-mel durch prächtige Blitze von einem Pol zum andern erleuchtet.

Die Briefe des Chevalier d'Her find den blü-henden Rofen, und die Gellertfchen Briefe den gefärbten, aber noch nicht aufgegangenen Tuli-panen gleich.

Die

Mosheim, Jerusalem, Cramer und viel andere Deutsche übertreffen tausend französische Kanzelredner.

Die Franzosen haben keine Winkelmannische Geschichte der Kunst des Alterthums, keinen Laokoon. Wie viel hätte der Graf Caylus daraus lernen können!

Die Amusemens Philosophiques, Tres Serieux Comiques, Historiques, Politiques, Critiques, Satiriques, des Herrn von Gueudeville, wie fade sind sie gegen Rabners Satyren!

Doch warum sind wir in der epischen und dramatischen Dichtkunst so lange zurück geblieben?

Die Natur hat in einem schöneren Klima, unter einem heiteren Himmel, der französischen Nation grosse Fähigkeiten geschenkt, allein die Verschiedenheit der Lage beyder Reiche ist so unmerklich, dafs, wie die Körper, so die Seelen seyn könnten.

Apoll und die Musen haben seit Jahrtausenden in Joniens und Griechenlands glückseligen Ländern keinen Homer, Pindar und Sophocles wieder begeistert. Daran sind dort politische und moralische Ursachen, in Deutschland die Fürsten und die Gelehrten Schuld.

In

In Frankreich find unter der Regierung Ludewigs des 14ten, deſſen groſſe und aufgeklärte
Seele nach ewigem Nachruhm ſtrebte, mit er
ſtaunlichen Ausgaben, alle Künſte verſchönert,
alle Wiſſenſchaften erhöhet, und die feinen Sitten Europens gebildet worden.

Dieſer ſo lange Zeit gefürchtete, geliebte und
bewunderte König, der zu ſeiner unſterblichen
Ehre keinem Menſchen ein hartes Wort jemals
geſaget hat, redete mit ſo vieler Hoheit und Höflichkeit, daſs die Nation, die ihm nachahmete,
der franzöſiſchen Sprache zum Umgang einen
Anſtand und eine Würde gab, die uns in Erſtaunen ſetzt *.

Hinge

* Der Marſchal von Crequi kam nach Verſaille,
und ſagte zu dem Könige, den er überraſchte:
Sire, einige, wie Rochefort, laſſen ihre Weiber kommen, andere reiſen zu ihren Frauen,
ich komme, Eure Majeſtät, da ich Ihnen über
alles verpflichtet bin, auf eine Stunde zu ſehen,
und Ihnen tauſendfachen Dank zu ſagen, ſonſt
beſuch ich hier niemand. Er plauderte lange,
und beym Abſchiede ſagte er: Sire, ich gehe
fort, und bitte Sie, meine Complimente der Königinn, dem Herrn Dauphin, meiner Frau, meinen Tanten, und meinen Kindern zu ſagen;
hierauf ſtieg er zu Pferde, und hat wirklich
ſonſt keine lebendige Seele geſehen. Dieſe kleine Verwigenheit hat dem Könige ſehr gefallen,
und er hat lächelnd erzählt, er wäre mit Complimenten beladen.

Lettres de Mad. Sevigné Tom. 2. pag. 49.

Hingegen waren die Kaifer Ferdinand der 2te,
der 3te, und Leopold, in einfältigem Stolz er-
zogen worden. Spanifche Grandezza, Steifig-
keit und Zwang verfcheuchte Freyheit, Anftand
und Freude aus ihrer Gefellfchaft. Ihre einzi-
gen Bücher waren die Leben der Heiligen. Koft-
bare Jagden waren ihre prächtigften Fefte. An-
ftatt Quinaults und Lullis zärtlicher Töne, hörten
fie das Anfchlagen der Hunde und die fchallen-
den Jagdhörner betrunkener Jäger.

In Frankreich fuchten die Feldherren, Mini-
fter und Hofleute die Gefellfchaft der fchönen
Geifter. Ihre dramatifchen Dichter wurden be-
wundert. Der grofse Condé vergofs bey fol-
gender Stelle:

Je fuis Maître de moi, comme de l'Univers,
Je le fuis, je veux l'être. O Siecle! o me-
moire!
Confervez à jamais ma nouvelle victoire.
Je triomphe aujourdhui du plus jufte cour-
roux,
De qui le fouvenir puiffe aller jusqu'a vous.
Soyons ami, Cinna; c'eft moi qui t'en con-
vie.

öffentlich Thränen, und zu Chantilli befuchten
ihn alle berühmte Gelehrten. Zu eben der Zeit
lachten mit aufgeblafenen Backen die deutfchen
Prinzen über Harlequins unkeufche Geberden
und unzüchtige Reden. Sie hielten die Narren

C 5
für

für witzige Geifter, und die fchönen Seelen für
Narren. Eben fo war es im dreyzehnten Jahr-
hundert in Italien *.

Der Verfaffer des Tartüfs ward in Frankreich
von dem Könige gegen fcheinheilige Geiftliche
gefchützet; in Deutfchland wäre vielleicht da-
mals ein Moliere für diefs Meifterftück der co-
mifchen Mufe vermauert worden.

Die franzöfifchen Grofsen zierten ihre Galle-
rien mit Gemälden und Büchern, und zu allen
Feften zogen fie ihre Gelehrten. Die deutfchen
Fürften fchmückten ihre Säle mit Hirfchgewei-
hen und grofsen Pokälen, und nur Marktfchreyer
und Tafchenfpieler betraten ihre Zimmer.

Die franzöfifchen Gelehrten, durch den Kö-
nig bemerkt, durch Gnadengehalte von niedri-
gen Sorgen befreyet, durch allgemeine Bewun-
derung

---

* Der Fürft von Verona fagte bey einem Gaftmahl,
bey dem fich unter vielen Gauklern ein Poffen-
reifser durch unflätige Stellungen und Reden be-
fonders hervorthat, zu dem unfterblichen Dan-
te: Woher kömmt es, dafs diefer Narr von
uns allen geliebet wird, und feine Gefellfchaft
uns allen Vergnügen macht; hingegen die dei-
nige, der du ein Weifer genannt wirft, uns un-
angenehm ift? Sie würden, antwortete Dante,
darüber fich gar nicht verwundern, wenn Sie
wüfsten, wie viel die Uebereinftimmung der Ge-
müther zur Freundfchaft beyträgt.

derung gereizet, haben unvergängliche Werke
geliefert. Die deutfchen Gelehrten, ohne Kennt-
nis der grofsen Welt, mit Schulftaub bedeckt,
durch Hunger gequält, durch Gefängniffe ge-
fchreckt, wurden abgefchmackte Pedanten, und
ihre elenden Schriften, die Zeugen des fchlech-
teften Gefchmacks, werden, von unfern Augen
entfernt, durch Würmer verzehret.

Die deutfchen Fürften hätten wie die grofsen
Ludewigs und Condés handeln, aber auch un-
fere Gelehrten hätten, anftatt ftolz und unhöflich
zu feyn, fich beftreben follen, den franzöfifchen
an Artigkeit und Gefälligkeit ähnlich zu wer-
den *.

Die fchönen Zeiten der deutfchen Litteratur
find prophezeyet worden:

Noch fang Horaz, in Tiburs Gründen,
Zum Chierwein, auf jungem Moos,
Und liefs ein Mädchen Kränze winden,
Da fiel im Tartarus fein Loos.

Ihn

---

* Racine fagte feinem Sohne: Anftatt die Grofsen
mit Erzählung meiner Schriften zu befchweren,
fuch ich mit ihnen von unterhaltenden Sachen
zu fprechen. Ihr würdet, wenn der Herzog
oft ganze Stunden bey mir ift, mit Verwunde-
rung bemerken, dafs ich ihm nicht vier Worte
fage; aber ich erwecke bey ihm die Luft zu re-
den, und er gehet weg, noch zufriedner mit
fich felbft, als mit mir.

Ihn fchützten nicht die Pierinnen,
Nicht Amor, der fein Leben bat;
Allein es ftreuten Charitinnen
Ihm Rofen auf den finftern Pfad.
Er wird von kleinen Amoretten
Geführt an fanften Blumenketten,
Und Charon blickt ihn lächelnd an.
Nun fteht er an dem fchwarzen Kahn
Ganz ohne Reue, ganz gelaffen,
Und heiter, wie Elyfium.
Der Weife fieht um fich herum
Die Götter für Betrübnifs ftumm
Sein fliehendes Gewand umfaffen,
Und tröftet die getreue Schaar,
Und reicht die Leyer ihnen dar.
Dort, fagte Flaccus, wo Teutonen
In unbefiegten Wäldern wohnen,
Mit ihren Keulen in der Hand;
Wo Liebesgötter, unbekannt,
Von eurer Cypria verbannt,
Auf unwirthbaren rauhen Höhen,
Gehüllt in Tigerhäuten gehen;
Wo fie kein Mädchen fchalkhaft grüfst,
Wo, felbft im Munde junger Schönen,
Der zärtlichfte von ihren Tönen
So rauh noch wie die Gegend ift;
Da feht ihr einft in Myrtenhainen
Die fanft gewordne Schäferinn,
Gelehrt von einer Huldgöttinn,
An einem Venusbilde weinen.

Da

Da trägt die kriegerifche Schaar
Von Jünglingen der Schönheit Bande,
Und kniet in feidenem Gewande.
Da höret das bekränzte Jahr
Im Frühling neue Melodien,
Und das, was eine Wüfte war,
Läfst für den Dichter Rofen blühen.

JACOBI.

Wollte doch Deutfchlands grofser Genius
diefe Prophezeyung erfüllen! Möchte er doch
unfere Dichter antreiben, nicht nur jedes niedri-
ge uneigentliche Wort und alles Schwülftige,
Dunkele und Uebertriebene zu meiden, fondern
fie auch anfeuren, in der reinften Sprache edle
Empfindungen und grofse Thaten zu befingen,
und durch Meifterftücke unfere Helden und fich
unfterblich zu machen!

Möchten doch unfere Majeftäten und Fürften
durch Ehre und Belohnung veranlaffen, dafs die
fchönften Zeiten der deutfchen Litteratur ge-
fchwinder herbey eilten!

O Beherrfcher der Erde! faget uns die Namen
der Könige, die die Egyptifchen Pyramiden er-
baueten! Zeigt uns die prächtigen Tempel, die
Pericles aufführen liefs! Wo ift der bewunder-
te Jupiter des Phidias? wo ift der Coloffus von
Rhodis? Alle Werke der Künftler, alle Mo-
numente der Monarchen find der Vergänglich-
keit

keit unterworfen; aber die Denkmäler, die Homer für die griechifchen und trojanifchen Helden verfertiget hat, werden fo lange als unfer Weltfyftem dauren.

Europa fieht mit Erftaunen, dafs Seine Majeftät auch über die Schulen und Univerfitäten, über die Sprachen, Rhetorik, Logik, Schaufpielkunft, Philofophie, Aftronomie, Metaphyfik, Moral, Arzneywiffenfchaft, Rechtsgelehrfamkeit, über die Hiftorie und Chronologie Anweifungen geben können: über diefs alles fchweigt der Dilettante mit Verwunderung.